Autores varios

Constitución de Bolivia de 1995

Barcelona **2024**
Linkgua-ediciones.com

Créditos

Título original: Constitución de Bolivia.

© 2024, Red ediciones S.L.

e-mail: info@linkgua.com

Diseño de cubierta: Michel Mallard.

ISBN rústica: 978-84-9816-117-5.
ISBN ebook: 978-84-9897-149-1.

Sumario

Constitución Política de Bolivia de 1995

Título preliminar. Disposiciones generales

Artículo 1. Bolivia, libre, independiente, soberana, multiétnica y pluricultural, constituida en República unitaria, adopta para su gobierno la forma democrática representativa, fundada en la unidad y la solidaridad de todos los bolivianos.

Artículo 2. La soberanía reside en el pueblo; es inalienable e imprescriptible; su ejercicio está delegado a los poderes Legislativo, Ejecutivo y Judicial. La independencia y coordinación de estos poderes es la base del gobierno. Las funciones del poder público: legislativa, ejecutiva y judicial, no pueden ser reunidas en el mismo órgano.

Artículo 3. El Estado reconoce y sostiene la religión católica, apostólica y romana. Garantiza el ejercicio público de todo otro culto. Las relaciones con la Iglesia Católica se regirán mediante concordatos y acuerdos entre el Estado Boliviano y la Santa Sede.

Artículo 4.

I. El pueblo no delibera ni gobierna sino por medio de sus representantes y de las autoridades creadas por ley.
II. Toda fuerza armada o reunión de personas que se atribuya la soberanía del pueblo comete delito de sedición.

Parte primera. La persona como miembro del Estado

Título primero. Derechos y deberes fundamentales de la persona

Artículo 5. No se reconoce ningún género de servidumbre y nadie podrá ser obligado a prestar trabajos personales sin su pleno consentimiento y justa retribución. Los servicios personales solo podrán ser exigibles cuando así lo establezcan las leyes.

Artículo 6.

I. Todo ser humano tiene personalidad y capacidad jurídica, con arreglo a las leyes. Goza de los derechos, libertades y garantías reconocidos por esta Constitución, sin distinción de raza, sexo, idioma, religión, opinión política o de otra índole, origen, condición económica o social u otra cualquiera.
II. La dignidad y la libertad de la persona son inviolables. Respetarlas y protegerlas es deber primordial del Estado.

Artículo 7. Toda persona tiene los siguientes derechos fundamentales, conforme a las leyes que reglamenten su ejercicio:

a. A la vida, la salud y la seguridad;
b. A emitir libremente sus ideas y opiniones por cualquier medio de difusión;
c. A reunirse y asociarse para fines lícitos;
d. A trabajar y dedicarse al comercio, la industria o a cualquier actividad lícita, en condiciones que no perjudiquen al bien colectivo;
e. A recibir instrucción y adquirir cultura;
f. A enseñar bajo la vigilancia del Estado;
g. A ingresar, permanecer, transitar y salir del territorio nacional;
h. A formular peticiones individual o colectivamente;
i. A la propiedad privada, individual o colectivamente, siempre que cumpla una función social;
j. A una remuneración justa por su trabajo que le asegure para sí y su familia una existencia digna del ser humano;
k. A la seguridad social, en la forma determinada por esta Constitución y las leyes.

Artículo 8. Toda persona tiene los siguientes deberes fundamentales:

a. De acatar y cumplir la Constitución y las leyes de la República.
b. De trabajar, según su capacidad y posibilidades, en actividades socialmente útiles.

10

c. De adquirir instrucción por lo menos primaria.

d. De contribuir, en proporción a su capacidad económica, al sostenimiento de los servicios públicos.

e. De asistir, alimentar y educar a sus hijos menores de edad, así como de proteger y socorrer a sus padres cuando se hallen en situación de enfermedad, miseria o desamparo.

f. De prestar los servicios civiles y militares que la Nación requiera para su desarrollo, defensa y conservación.

g. De cooperar con los órganos del Estado y la comunidad en el servicio y la seguridad sociales.

h. De resguardar y proteger los bienes e intereses de la colectividad.

Título segundo. Garantías de la persona

Artículo 9.

I. Nadie puede ser detenido, arrestado ni puesto en prisión sino en los casos y según las formas establecidas por ley, requiriéndose para la ejecución del respectivo mandamiento, que éste emane de autoridad competente y sea intimado por escrito.

II. La incomunicación no podrá imponerse sino en casos de notoria gravedad y de ningún modo por más de veinticuatro horas.

Artículo 10. Todo delincuente «in fraganti» puede ser aprehendido, aún sin mandamiento, por cualquier persona, para el único objeto de ser conducido ante la autoridad o el juez competente, quién deberá tomarle su declaración en el plazo máximo de veinticuatro horas.

Artículo 11. Los encargados de las prisiones no recibirán a nadie como detenido, arrestado o preso sin copiar en su registro el mandamiento correspondiente. Podrán, sin embargo, recibir en el recinto de la prisión a los conducidos, con el objeto de ser presentados, cuando más dentro de la veinticuatro horas, al juez competente.

Artículo 12. Queda prohibida toda especie de torturas, coacciones, exacciones o cualquier forma de violencia física o moral, bajo pena de destitución inmediata y sin perjuicio de las sanciones a que se harán pasibles quienes las aplicaren, ordenar en, instigaren o consintieren.

Artículo 13. Los atentados contra la seguridad personal hacen responsables a sus autores inmediatos, sin que pueda servirles de excusa el haberlos cometido por orden superior.

Artículo 14. Nadie puede ser juzgado por comisiones especiales o sometido a otros jueces que los designados con anterioridad al hecho de la causa, ni se lo podrá obligar a declarar contra sí mismo en materia penal, o contra sus parientes consanguíneos hasta el cuarto grado inclusive, o sus afines hasta el segundo, de acuerdo al cómputo civil.

Artículo 15. Los funcionarios públicos que, sin haberse dictado el estado de sitio, tomen medidas de persecución, confinamiento o destierro de ciudadanos y las hagan ejecutar, así como los que clausuren imprentas y otros medios de expresión del pensamiento e incurran en depredaciones u otro género de abusos, están sujetos al pago de una indemnización de daños y perjuicios, siempre que se compruebe, dentro de juicio civil que podrá seguirse independientemente de la acción penal que corresponda, que tales medidas o hechos se adoptaron en contravención a los derechos y garantías que establece esta Constitución.

Artículo 16.

I. Se presume la inocencia del encausado mientras no se pruebe su culpabilidad.

II. El derecho de defensa de la persona en juicio es inviolable.

III. Desde el momento de su detención o apresamiento, los detenidos tienen derecho a ser asistidos por un defensor.

IV. Nadie puede ser condenado a pena alguna sin haber sido oído y juzgado previamente en proceso legal; ni la sufrirá si no ha sido impuesta por sentencia ejecutoriada y por autoridad competente. La condena penal debe fundarse en una ley anterior al proceso y solo se aplicarán las leyes posteriores cuando sean más favorables al encausado.

Artículo 17. No existe la pena de infamia, ni la de muerte civil. En los casos de asesinato, parricidio y traición a la Patria, se aplicará la pena de treinta años de presidio, sin derecho a indulto. Se entiende por traición la complicidad con el enemigo durante el estado de guerra extranjera.

Artículo 18.

I. Toda persona que creyere estar indebida o ilegalmente perseguida, detenida, procesada o presa podrá concurrir, por sí o por cualquiera a su nombre, con poder notariado o sin él, ante la Corte Superior del Distrito o ante cualquier Juez de Partido, a elección suya, en demanda de que se guarden las formalidades legales. En los lugares donde no hubiere Juez de Partido la demanda podrá interponerse ante un Juez Instructor.

II. La autoridad judicial señalará de inmediato día y hora de audiencia pública, disponiendo que el actor sea conducido a su presencia. Con dicha orden se practicará citación personal o por cédula en la oficina de la autoridad demandada, orden que será obedecida sin observación ni excusa, tanto por aquella cuanto por los encargados de las cárceles o lugares de detención sin que éstos, una vez citados, puedan desobedecer arguyendo orden superior.

III. En ningún caso podrá suspenderse la audiencia. Instruida de los antecedentes, la autoridad judicial dictará sentencia en la misma audiencia ordenando la libertad, haciendo que se reparen los defectos legales o poniendo al demandante a disposición del juez competente. El fallo deberá ejecutarse en el acto. La decisión que se pronuncie se elevará en revisión, de oficio, ante el fallo.

IV. Si el demandado después de asistir a la audiencia la abandona antes de escuchar la sentencia, ésta será notificada válidamente en estrados. Si no concurriere, la audiencia se llevará a efecto en su rebeldía y oída la exposición del actor o su representante, se dictará sentencia.

V. Los funcionarios públicos o personas particulares que resistan las decisiones judiciales, en los casos previstos por este **Artículo**, serán remitidos por orden de la autoridad que conoció el «habeas corpus» ante el Juez en lo penal para su juzgamiento como reos de atentado contra las garantías constitucionales.

VI. La autoridad judicial que no procediera conforme a lo dispuesto por este **Artículo** quedará sujeta a sanción con arreglo al **Artículo** 1231, atribución 30 de esta Constitución.

Artículo 19.

I. Fuera del recurso de «habeas corpus» a que se refiere el **Artículo** anterior, se establece el recurso de amparo contra los actos ilegales o las omisiones indebidas de los funcionarios o particulares que restrinjan, supriman o amenacen restringir o suprimir los derechos y garantías de la persona reconocidos por esta Constitución y las leyes.

II. El recurso de amparo se interpondrá por la persona que se creyere agraviada o por otra a su nombre con poder suficiente —salvo lo dispuesto en el Art. 1291 de esta Constitución—, ante las Cortes Superiores en las capitales de Departamento y ante los Jueces de Partido en las provincias, tramitándose en forma sumarísima. El Ministerio Público podrá también interponer de oficio este recurso cuando no lo hubiere o no pudiere hacerlo la persona afectada.

III. La autoridad o la persona demandada será citada en la forma prevista por el **Artículo** anterior a objeto de que preste información y presente, en su caso, los actuados concernientes al hecho denunciado, en el plazo máximo de cuarenta y ocho horas.

IV. La resolución final se pronunciará en audiencia pública inmediatamente de recibida la información del denunciado y, a falta de ella, lo hará sobre la base de la prueba que ofrezca el recurrente. La autoridad judicial examinará la competencia del funcionario o los actos del particular y, encontrando cierta y efectiva la denuncia, concederá el amparo solicitado siempre que no hubiere otro medio o recurso legal para la protección inmediata de los derechos y garantías restringidos, suprimidos o amenazados, elevando de oficio su resolución ante el Tribunal Constitucional para su revisión, en el plazo de veinticuatro horas.

V. Las determinaciones previas de la autoridad judicial y la decisión final que conceda el amparo serán ejecutadas inmediatamente y sin observación, aplicándose, en caso de resistencia, lo dispuesto en el **Artículo** anterior.

Artículo 20.

I. Son inviolables la correspondencia y los papeles privados, los cuales no podrán ser incautados sino en los casos determinados por las leyes y en virtud de orden escrita y motivada de autoridad competente. No producen efecto legal los documentos privados que fueren violados o substraídos.
II. Ni la autoridad pública, ni persona u organismo alguno podrán interceptar conversaciones y comunicaciones privadas mediante instalación que las controle o centralice.

Artículo 21. Toda casa es un asilo inviolable; de noche no se podrá entrar en ella sin consentimiento del que la habita, y de día solo se franqueará la entrada a requisición, escrita y motivada de autoridad competente, salvo el caso de delito «in fraganti».

Artículo 22.

1. Se garantiza la propiedad privada siempre que el uso que se haga de ella no sea perjudicial al interés colectivo.
2. La expropiación se impone por causa de utilidad pública o cuando la propiedad no cumple una función social, calificada conforme a ley y previa indemnización justa.

Artículo 23. Jamás se aplicará la confiscación de bienes como castigo político.

Artículo 24. Las empresas y súbditos extranjeros están sometidos a las leyes bolivianas, sin que en ningún caso puedan invocar situación excepcional ni apelar a reclamaciones diplomáticas.

Artículo 25. Dentro de cincuenta kilómetros de las fronteras, los extranjeros no pueden adquirir ni poseer, por ningún título, suelo ni subsuelo, directa o indirectamente, individualmente o en sociedad, bajo pena de perder, en beneficio del Estado, la propiedad adquirida, excepto el caso de necesidad nacional declarada por ley expresa.

Artículo 26. Ningún impuesto es obligatorio sino cuando ha sido establecido conforme a las prescripciones de la Constitución. Los perjudicados pueden interponer recursos ante el Tribunal Constitucional contra los impuestos ilegales. Los impuestos municipales son obligatorios cuando en su creación han sido observados los requisitos constitucionales.

Artículo 27. Los impuestos y demás cargas públicas obligan igualmente a todos. Su creación, distribución y supresión tendrán carácter general, debiendo determinarse en relación a un sacrificio igual de los contribuyentes, en forma proporcional o progresiva, según los casos.

Artículo 28. Los bienes de la Iglesia, de las órdenes y congregaciones religiosas y de las instituciones que ejercen labor educativa, de asistencia y de beneficencia, gozan de los mismos derechos y garantías que los pertenecientes a los particulares.

Artículo 29. Solo el Poder Legislativo tiene facultad para alterar y modificar los códigos, así como para dictar reglamentos y disposiciones sobre procedimientos judiciales.

Artículo 30. Los poderes públicos no podrán delegar las facultades que les confiere esta Constitución, ni atribuir al Poder Ejecutivo otras que las que expresamente les están acordadas por ella.

Artículo 31. Son nulos los actos de los que usurpen funciones que no les competen, así como los actos de los que ejerzan jurisdicción o potestad que no emane de la ley.

Artículo 32. Nadie será obligado a hacer lo que la Constitución y las leyes no manden, ni a privarse de lo que ellas no prohiban.

Artículo 33. La ley solo dispone para lo venidero y no tiene efecto retroactivo, excepto en materia social cuando lo determine expresamente, y en materia penal cuando beneficie al delincuente.

Artículo 34. Los que vulneren derechos y garantías constitucionales quedan sujetos a la jurisdicción ordinaria.

Artículo 35. Las declaraciones, derechos y garantías que proclaman esta Constitución no serán entendidos como negación de otros derechos y garantías no enunciados que nacen de la soberanía del pueblo y de la forma republicana de gobierno.

Título tercero. Nacionalidad y ciudadanía

Capítulo I. Nacionalidad

Artículo 36. Son bolivianos de origen:

1. Los nacidos en el territorio de la República, con excepción de los hijos de extranjeros que se encuentren en Bolivia al servicio de su gobierno.
2. Los nacidos en el extranjero de padre o madre bolivianos por el solo hecho de avecindarse en el territorio nacional o de inscribirse en los consulados.

Artículo 37. Son bolivianos por naturalización:

1. Los españoles y latinoamericanos que adquieran la nacionalidad boliviana sin hacer renuncia de la de su origen, cuando existan, a título de reciprocidad, convenios de nacionalidad plural con sus gobiernos respectivos.
2. Los extranjeros que habiendo residido dos años en la República declaren su voluntad de adquirir la nacionalidad boliviana y obtengan carta de naturali-

zación conforme a ley. El tiempo de permanencia se reducirá a un año tratándose de extranjeros que se encuentren en los casos siguientes:

a. Que tengan cónyuge o hijos bolivianos.
b. Que se dediquen regularmente al trabajo agrícola o industrial.
c. Que ejerzan funciones educativas, científicas o técnicas.

3. Los extranjeros que a la edad legalmente requerida presten el servicio militar.
4. Los extranjeros que por sus servicios al país la obtengan de la Cámara de Senadores.

Artículo 38. La mujer boliviana casada con extranjero no pierde su nacionalidad. La mujer extranjera casada con boliviano adquiere la nacionalidad de su marido, siempre que resida en el país y manifieste su conformidad, y no la pierde aún en los casos de viudez o de divorcio.

Artículo 39. La nacionalidad boliviana se pierde por adquirir la nacionalidad extranjera, bastando para recobrarla domiciliarse en Bolivia exceptuando a quienes se acojan al régimen de nacionalidad plural en virtud de convenios que a este respecto se firmen.

Capítulo II. Ciudadanía

Artículo 40. La ciudadanía consiste:

1. En concurrir como elector o elegible a la formación o al ejercicio de los poderes públicos.
2. En el derecho a ejercer funciones públicas, sin otro requisito que la idoneidad, salvo las excepciones establecidas por ley.

Artículo 41. Son ciudadanos los bolivianos, varones y mujeres mayores de dieciocho años de edad, cualesquiera sean sus niveles de instrucción, ocupación o renta.

Artículo 42. Los derechos de ciudadanía se suspenden:

1. Por tomar armas o prestar servicios en ejército enemigo en tiempo de guerra.
2. Por defraudación de caudales públicos o quiebra fraudulenta declarada, previa sentencia ejecutoriada y condenatoria a pena corporal.
3. Por aceptar funciones de gobierno extranjero, sin permiso del Senado, excepto los cargos y misiones de los organismos internacionales, religiosos, universitarios y culturales en general.

Título cuarto. Funcionarios públicos

Artículo 43. Una ley especial establecerá el Estatuto del Funcionario Público sobre la base del principio fundamental de que los funcionarios y empleados públicos son servidores exclusivos de los intereses de la colectividad y no de parcialidad o partido político alguno.

Artículo 44. El Estatuto del Funcionario Público establecerá los derechos y deberes de los funcionarios y empleados de la Administración y contendrá las disposiciones que garanticen la carrera administrativa, así como la dignidad y eficacia de la función pública.

Artículo 45. Todo funcionario público, civil, militar o eclesiástico está obligado, antes de tomar posesión de un cargo público, a declarar expresa y específicamente los bienes o rentas que tuviere, que serán verificados en la forma que determine la ley.

Parte segunda. El Estado boliviano

Título primero. Poder legislativo

Capítulo I. Disposiciones generales

Artículo 46.

1. El Poder Legislativo reside en el Congreso Nacional compuesto de dos Cámaras: una de Diputados y otra de Senadores.
2. El Congreso Nacional se reunirá ordinariamente cada año en la Capital de la República, el día seis de agosto, aun cuando no hubiese convocatoria. Sus sesiones durarán noventa días útiles, prorrogables hasta ciento veinte, a juicio del mismo Congreso o a petición del Poder Ejecutivo. Si a juicio de éste conviniese que el Congreso no se reúna en la Capital de la República, podrá expedir la convocatoria señalando otro lugar.

Artículo 47. El Congreso puede reunirse extraordinariamente por acuerdo de la mayoría absoluta de sus miembros o por convocatoria del Poder Ejecutivo. En cualquiera de estos casos solo se ocupará de los negocios consignados en la convocatoria.

Artículo 48. Las Cámaras deben funcionar con la mayoría absoluta de sus miembros, a un mismo tiempo, en el mismo lugar, y no podrá comenzar o terminar la una sus funciones en un día distinto de la otra.

Artículo 49. Los Senadores y Diputados podrán ser elegidos Presidente o Vicepresidente de la República, o designados Ministros de Estado, o Agentes Diplomáticos, o Prefectos de Departamento, quedando suspensos de sus funciones legislativas por el tiempo que desempeñen aquellos cargos. Fuera de ellos no podrán ejercer otros dependientes de los Poderes Ejecutivo o Judicial.

Artículo 50. No podrán ser elegidos representantes nacionales:
1. Los funcionarios y empleados civiles, los militares y policías en servicio activo y los eclesiásticos con jurisdicción que no renuncien y cesen en sus funciones y empleos por lo menos sesenta días antes del verificativo de la elección. Se exceptúan de esta disposición los rectores y catedráticos de Universidad.
2. Los contratistas de obras y servicios públicos; los administradores, gerentes y directores, mandatarios y representantes de sociedades o establecimientos en que tiene participación pecuniaria el Fisco y los de empresas subvencio-

nadas por el Estado; los administradores y recaudadores de fondos públicos mientras no finiquiten sus contratos y cuentas.

Artículo 51. Los Senadores y Diputados son inviolables en todo tiempo por las opiniones que emitan en el ejercicio de sus funciones.

Artículo 52. Ningún Senador o Diputado, desde el día de su elección hasta la finalización de su mandato, sin discontinuidad, podrá ser acusado, perseguido o arrestado en ninguna materia, si la Cámara a la que pertenece no da licencia por dos tercios de votos. En materia civil no podrá ser demandado ni arraigado desde sesenta días antes de la reunión del Congreso hasta el término de la distancia para que se restituya a su domicilio.

Artículo 53. El Vicepresidente de la República goza en su carácter de Presidente nato del Congreso Nacional y del Senado, de las mismas inmunidades y prerrogativas acordadas a Senadores y Diputados.

Artículo 54.

I. Los Senadores y Diputados no podrán adquirir ni tomar en arrendamiento, a su nombre o en el de tercero, bienes públicos, ni hacerse cargo de contratos de obra o de aprovisionamiento con el Estado, ni obtener del mismo concesiones u otra clase de ventajas personales. Tampoco podrán, durante el período de su mandato, ser funcionarios, empleados, apoderados ni asesores o gestores de entidades autárquicas, ni de sociedades o de empresas que negocien con el Estado.
II. La contravención de estos preceptos importa pérdida del mandato popular, mediante resolución de la respectiva Cámara, conforme al Art. 671, atribución 40 de esta Constitución.

Artículo 55. Durante el período constitucional de su mandato los Senadores y Diputados podrán dirigir representaciones a los funcionarios del Poder Ejecutivo para el cumplimiento de las disposiciones legales. Podrán también gestionar mejoras para satisfacer las necesidades de sus distritos electorales.

Artículo 56. Cuando un ciudadano sea elegido Senador y Diputado, aceptará el mandato que Él prefiera. Si fuese elegido Senador o Diputado por dos o más Departamentos lo será por el distrito que Él escoja.

Artículo 57. Los Senadores y Diputados pueden ser reelectos y sus mandatos son renunciables.

Artículo 58. Las sesiones del Congreso y de ambas cámaras serán públicas, y solo podrán hacerse secretas cuando dos tercios de sus miembros así lo determinen.

Artículo 59. Son atribuciones del Poder Legislativo:

1. Dictar leyes, abrogarlas, derogarlas, modificarlas e interpretarlas.
2. A iniciativa del Poder Ejecutivo, imponer contribuciones de cualquier clase o naturaleza, suprimir las existentes y determinar su carácter nacional, departamental o universitario, así como decretar los gastos fiscales. Sin embargo, el Poder Legislativo, a pedido de uno de sus miembros, podrá requerir del Ejecutivo la presentación de proyectos sobre aquellas materias. Si el Ejecutivo, en el término de veinte días, no presentase el proyecto solicitado, el representante que lo requirió u otro parlamentario podrá presentar el suyo para su consideración y aprobación. Las contribuciones se decretarán por tiempo indefinido, salvo que las leyes respectivas señalen un plazo determinado para su vigencia.
3. Fijar, para gestión financiera, los gastos de la Administración Pública, previa presentación del proyecto de presupuesto por el Poder Ejecutivo.
4. Considerar los planes de desarrollo que el Poder Ejecutivo pase a su conocimiento.
5. Autorizar y aprobar la contratación de empréstitos que comprometan las rentas generales del Estado, así como los contratos relativos a la explotación de las riquezas nacionales.
6. Conceder subvenciones o garantías de interés para la realización e incremento de obras públicas y de necesidad social.

7. Autorizar la enajenación de bienes nacionales, departamentales, municipales, universitarios y de todos los que sean de dominio público.

8. Autorizar al Ejecutivo la adquisición de bienes inmuebles.

9. Autorizar a las universidades y a los gobiernos municipales la contratación de empréstitos.

10. Establecer el sistema monetario y el de pesas y medidas.

11. Aprobar anualmente la cuenta de gastos e inversiones que debe presentar el Ejecutivo en la primera sesión de cada Legislatura.

12. Aprobar los tratados, concordatos y convenios internacionales.

13. Ejercitar influencia diplomática sobre actos no consumados o compromisos internacionales del Poder Ejecutivo.

14. Aprobar, en cada Legislatura, la fuerza militar que ha de mantenerse en tiempo de paz.

15. Permitir el tránsito de tropas extranjeras por el territorio de la República, determinando el tiempo de su permanencia.

16. Autorizar la salida de tropas nacionales del territorio de la República, determinando el tiempo de su ausencia.

17. A iniciativa del Poder Ejecutivo, crear y suprimir empleos públicos, señalar sus atribuciones y fijar sus emolumentos. El Poder Legislativo podrá aprobar, rechazar o disminuir los servicios, empleos o emolumentos propuestos, pero no podrá aumentarlos, salvo los que correspondan al Congreso Nacional.

18. Crear nuevos departamentos, provincias, secciones de provincia y cantones, así como fijar sus límites, habilitar puertos mayores y establecer aduanas.

19. Decretar amnistía por delitos políticos y conceder indulto, previo informe de la Corte Suprema de Justicia.

20. Nombrar, en sesión de Congreso, a los Ministros de la Corte Suprema de Justicia, a los Magistrados del Tribunal Constitucional, a los Consejeros de la Judicatura, al Fiscal General de la República y al Defensor del Pueblo, por dos tercios de votos de sus miembros.

21. Designar representantes ante las Cortes Electorales. Ejercer, a través de las Comisiones de ambas Cámaras, la facultad de fiscalización sobre las entidades autónomas, autárquicas, semiautárquicas y sociedades de economía mixta.

Capítulo II. Cámara de Diputados

Artículo 60.

I. La Cámara de Diputados se compone de ciento treinta miembros.

II. En cada departamento, la mitad de los Diputados se eligen en circunscripciones uninominales. La otra mitad en circunscripciones plurinominales departamentales, de listas encabezadas por los candidatos a Presidente, Vicepresidente y Senadores de la República. Los candidatos son postulados por los partidos políticos.

III. Las circunscripciones uninominales deben tener continuidad geográfica, afinidad y armonía territorial, no trascender los límites de cada departamento y basarse en criterios de población. La Corte Nacional Electoral delimitará las circunscripciones uninominales.

IV. Los Diputados son elegidos en votación universal, directa y secreta. En las circunscripciones uninominales por simple mayoría de sufragios. En las circunscripciones plurinominales mediante el sistema de representación que establece la ley.

V. El número de Diputados debe reflejar la votación proporcional obtenida por cada partido.

VI. La distribución del total de escaños entre los departamentos se determina por ley en base al número de habitantes de cada uno de ellos, de acuerdo al último censo nacional. Por equidad la ley asignará un número de escaños mínimo para los departamentos con menor población y menor grado de desarrollo económico. Si la distribución de escaños para cualquier departamento resultare impar, se dará preferencia a la asignación de escaños uninominales.

VII. Los Diputados ejercen sus funciones por cinco años y la renovación de la Cámara será total.

Artículo 61. Para ser Diputados se requiere:

1. Ser boliviano de origen y haber cumplido los deberes militares.
2. Tener veinticinco años de edad cumplidos al día de la elección.
3. Estar inscrito en el Registro Electoral.

4. Ser postulado por un partido político o por agrupaciones cívicas representativas de las fuerzas vivas del país, con personalidad jurídica reconocida, formando bloques o frentes con los partidos políticos.

5. No haber sido condenado a pena corporal, salvo rehabilitación concedida por el Senado; ni tener pliegos de cargo o auto de culpa ejecutoriados; ni estar comprendido en los casos de exclusión y de incompatibilidad establecidos por ley.

Artículo 62. Corresponde a la Cámara de Diputados:

1. La iniciativa en el ejercicio de las atribuciones 30, 40, 50 y 140 del Art. 59.

2. Considerar la cuenta del estado de sitio que debe presentar el Ejecutivo, aprobándola o abriendo responsabilidad ante el Congreso.

3. Acusar ante el Senado a los ministros de la Corte Suprema, a los magistrados del Tribunal Constitucional, a los consejeros de la Judicatura y Fiscal General de la República por delitos cometidos en el ejercicio de sus funciones.

4. Proponer ternas al Presidente de la República para la designación de presidentes de entidades económicas y sociales en que participe el Estado.

5. Ejercer las demás atribuciones que le señalen la Constitución y las leyes.

Capítulo III. Cámara de Senadores

Artículo 63. El Senado se compone de tres Senadores por cada departamento, elegidos mediante voto universal directo: dos por mayoría y uno por minoría, de acuerdo a ley.

Artículo 64. Para ser Senador se necesita tener treinta y cinco años cumplidos y reunir los requisitos exigidos para Diputado.

Artículo 65. Los Senadores ejercerán sus funciones por el término señalado para los Diputados, con renovación total al cumplimiento de este período.

Artículo 66. Son atribuciones de esta Cámara:

1. Tomar conocimiento de las acusaciones hechas por la Cámara de Diputados a los Ministros de la Corte Suprema, Magistrados del Tribunal Constitucional, Consejeros de la Judicatura y Fiscal General de la República conforme a esta Constitución y la ley. El Senado juzgará en única instancia a los Ministros de la Corte Suprema, a los Magistrados del Tribunal Constitucional, a los Consejeros de la Judicatura y al Fiscal General de la República imponiéndoles la sanción y responsabilidad correspondientes por acusación de la Cámara de Diputados motivada por querella de los ofendidos o a denuncia de cualquier ciudadano. En los casos previstos por los párrafos anteriores será necesario el voto de dos tercios de los miembros presentes. Una ley especial dispondrá el procedimiento y formalidades de estos juicios.

2. Rehabilitar como bolivianos, o como ciudadanos, a los que hubiesen perdido estas calidades.

3. Autorizar a los bolivianos el ejercicio de empleos y al admisión de título o emolumento de gobierno extranjero.

4. Aprobar las ordenanzas municipales relativas a tasas y patentes.

5. Decretar honores públicos a quienes lo merezcan por servicios eminentes a la Nación.

6. Proponer ternas al Presidente de la República para la elección de Contralor General de la República y Superintendente de Bancos.

7. Conceder premios pecuniarios, por dos tercios de votos.

8. Aceptar o negar, en votación secreta, los ascensos a General de Ejército, de Fuerza Aérea, de División, de Brigada, Almirante, Vicealmirante, Contraalmirante de las Fuerzas Armadas de la Nación, y General de la Policía Nacional, propuestos por el Poder Ejecutivo.

9. Aprobar o negar el nombramiento de Embajadores y Ministros Plenipotenciarios propuestos por el Presidente de la República.

Capítulo IV. El Congreso

Artículo 67. Son atribuciones de cada Cámara:

1. Calificar las credenciales otorgadas por las Cortes lectorales. Las demandas de inhabilidad de los elegidos y de nulidad de las elecciones solo podrán ser

interpuestas ante la Corte Nacional Electoral, cuyo fallo será irrevisable por las Cámaras. Si al calificar credenciales no demandadas ante la Corte Nacional Electoral la Cámara encontrare motivo de nulidad, remitirá el caso, por resolución de dos tercios de votos, a conocimiento y decisión de dicho tribunal. Los fallos se dictarán en el plazo de quince días.

2. Organizar su Mesa Directiva.

3. Dictar su reglamento y corregir sus infracciones.

4. Separar temporal o definitivamente, con el acuerdo de dos tercios de votos, a cualesquiera de sus miembros por graves faltas cometidas en el ejercicio de sus funciones.

5. Fijar las dietas que percibirán los legisladores; ordenar el pago de sus presupuestos; nombrar y remover su personal administrativo y atender todo lo relativo a su economía y régimen interior.

6. Realizar las investigaciones que fueren necesarias para su función constitucional, pudiendo designar comisiones entre sus miembros para que faciliten esa tarea.

7. Aplicar sanciones a quienes cometan faltas contra la Cámara o sus miembros, en la forma que establezcan sus reglamentos, debiendo asegurarse en Éstos, el derecho de defensa.

Artículo 68. Las Cámaras se reunirán en Congreso para los siguientes fines:

1. Inaugurar y clausurar sus Sesiones.

2. Verificar el escrutinio de las actas de elecciones de Presidente y Vicepresidente de la República, o designarlos cuando no hubieran reunido la pluralidad absoluta de votos, conforme a las disposiciones de esta Constitución.

3. Recibir el juramento de los dignatarios mencionados en el párrafo anterior.

4. Admitir o negar la renuncia de los mismos.

5. Ejercitar las atribuciones a que se refieren los Incisos 11 y 13 del **Artículo** 59.

6. Considerar las leyes vetadas por el Ejecutivo.

7. Resolver la declaratoria de guerra a petición del Ejecutivo.

8. Determinar el número de efectivos de las Fuerzas Armadas de la Nación.

9. Considerar los proyectos de Ley que, aprobados en la Cámara de origen, no lo fueren por la Cámara revisora.

10. Ejercitar las facultades que les corresponden conforme a los **Artículos** 1111, 1121, 1131 y 1141 de esta Constitución.

11. Autorizar el enjuiciamiento del Presidente y Vicepresidente de la República, Ministros de Estado y Prefectos de departamento con arreglo a la Atribución 50 del **Artículo** 1181 de esta Constitución.

12. Designar a los Ministros de la Corte Suprema de Justicia, a los Magistrados del Tribunal Constitucional, a los Consejeros de la Judicatura, al Fiscal General de la República y al Defensor del Pueblo, de acuerdo a lo previsto en los **Artículos** 1171, 119 1, 1221, 1261 y 1281 de esta Constitución.

Artículo 69. En ningún caso podrá delegar el Congreso a uno o más de sus miembros, ni a otro Poder, las atribuciones que tiene por esta Constitución.

Artículo 70.

I. A iniciativa de cualquier Parlamentario, las Cámaras pueden pedir a los Ministros de Estado informes verbales o escritos con fines legislativos, de inspección o fiscalización y proponer investigaciones sobre todo asunto de interés nacional.

II. Cada Cámara puede, a iniciativa de cualquier Parlamentario, interpelar a los Ministros de Estado, individual o colectivamente y acordar la censura de sus actos por mayoría absoluta de votos de los representantes nacionales presentes.

III. La censura tiene por finalidad la modificación de las políticas y del procedimiento impugnados, e implica la renuncia del o de los Ministros censurados, la misma que podrá ser aceptada o rechazada por el Presidente de la República.

Capítulo V. Procedimiento Legislativo

Artículo 71.

I. Las leyes, exceptuando los casos previstos por las Atribuciones 20, 30, 40, 50, y 140 del **Artículo** 591, pueden tener origen en el Senado o en la Cámara de Diputados, a proposición de uno o más de sus miembros del Vicepresidente de la República, o por mensaje del Poder Ejecutivo a condición, en este caso, de que el proyecto sea sostenido en los debates por el Ministro del respectivo despacho.

II. La Corte Suprema podrá presentar proyectos de ley en materia judicial y reforma de los códigos mediante mensaje dirigido al Poder Legislativo.

Artículo 72. Aprobado el Proyecto de Ley en la Cámara de origen, pasará inmediatamente para su discusión a la Cámara revisora. Si la Cámara revisora lo aprueba, será enviado al Poder Ejecutivo para su promulgación.

Artículo 73. El Proyecto de Ley que fuere desechado en la Cámara de origen no podrá ser nuevamente propuesto, en ninguna de las Cámaras, hasta la legislatura siguiente.

Artículo 74.

I. Si la Cámara revisora se limita a enmendar o modificar el proyecto, Éste se considerará aprobado, en caso de que la Cámara de origen acepte por mayoría absoluta las enmiendas o modificaciones. Pero si no las acepta o si las corrige y altera, las dos Cámaras se reunirán a convocatoria de cualquiera de sus Presidentes dentro de los veinte días para deliberar sobre el proyecto.

II. En caso de aprobación será remitido al Ejecutivo para su promulgación como ley de la República; más, si fuese desechado, no podrá ser propuesto de nuevo sino en una de las legislaturas siguientes.

Artículo 75. En caso de que la Cámara revisora deje pasar veinte días sin pronunciarse sobre el Proyecto de Ley, la Cámara de origen reclamará su despacho, con un nuevo término de diez días, al cabo de los cuales será considerado en Sesión de Congreso.

Artículo 76.

1. Toda ley sancionada por el Poder Legislativo podrá ser observada por el Presidente de la República en el término de diez días desde aquél en que la hubiere recibido.

2. La ley no observada dentro de los diez días, será promulgada. Si en este término recesare el Congreso, el Presidente de la República publicará el mensaje de sus observaciones para que se considere en la próxima legislatura.

Artículo 77.

1. Las observaciones del Ejecutivo se dirigirán a la Cámara de origen. Se Ésta y la revisora reunidas en Congreso, las hallan fundadas y modifican la ley conforme a ellas, la devolverán al Ejecutivo para su promulgación.

2. Si el Congreso declara infundadas las observaciones, por dos tercios de los miembros presentes, el Presidente de la República promulgará la ley dentro de otros diez días.

Artículo 78. Las leyes no vetadas o no promulgadas por el Presidente de la República en el término de diez días, desde su recepción, serán promulgadas por el Presidente del Congreso.

Artículo 79. Las resoluciones camarales y legislativas no necesitan promulgación del Ejecutivo.

Artículo 80.

I. La promulgación de las leyes se hará por el Presidente de la República en esta forma:

«Por cuanto, el Congreso Nacional ha sancionado la siguiente ley»: ...
«Por tanto, la promulgo para que se tenga y cumpla como ley de la República.»

II. Las decisiones parlamentarias se promulgarán en esta forma:

«El Congreso Nacional de la República, Resuelve»: ...

«Por tanto, cúmplase con arreglo a la Constitución.»

Artículo 81. La ley es obligatoria desde el día de su publicación, salvo disposición contraria de la misma ley.

Capítulo VI. Comisión de Congreso

Artículo 82.

1. Durante el receso de las Cámaras funcionará una Comisión del Congreso compuesta de nueve Senadores y dieciocho Diputados, quienes, con sus respectivos suplentes, serán elegidos por cada Cámara de modo que reflejen en lo posible la composición territorial del Congreso.

2. Estará presidida por el Vicepresidente de la República y la integrarán el Presidente electivo del Senado y el Presidente de la Cámara de Diputados en calidad de Vicepresidentes Primero y Segundo respectivamente.

3. El reglamento correspondiente establecerá la forma y oportunidad de elección de la Comisión del Congreso y su régimen interno.

Artículo 83. Son atribuciones de la Comisión del Congreso:

1. Velar por la observancia de la Constitución y el respeto a las garantías ciudadanas, y acordar para estos fines las medidas que sean procedentes.

2. Ejercer funciones de investigación y supervigilancia general de la administración pública, dirigiendo al Poder Ejecutivo las representaciones que sean pertinentes.

3. Pedir al Ejecutivo, por dos tercios de votos del total de sus miembros, la convocatoria a Sesiones Extraordinarias del Congreso cuando así lo exija la importancia y urgencia de algún asunto.

4. Informar sobre todos los asuntos que queden sin resolución a fin de que sigan tramitándose en el período de Sesiones.

5. Elaborar Proyectos de Ley para su consideración por las Cámaras.

Artículo 84. La Comisión del Congreso dará cuenta de sus actos ante las Cámaras en sus primeras Sesiones Ordinarias.

Título segundo. Poder Ejecutivo

Capítulo I. Presidente de la República

Artículo 85. El Poder Ejecutivo se ejerce por el Presidente de la República conjuntamente con los Ministros de Estado.

Artículo 86. El Presidente de la República será elegido por sufragio directo. Al mismo tiempo y en igual forma se elegirá al Vicepresidente.

Artículo 87.

I. El mandato improrrogable del Presidente de la República es de cinco años. El Presidente puede ser reelecto por una sola vez después de transcurrido cuando menos un Periodo Constitucional.
II. El mandato improrrogable del Vicepresidente es también de cinco años. El Vicepresidente no puede ser elegido Presidente ni Vicepresidente de la República en el Periodo siguiente al que ejerció su mandato.

Artículo 88. Para ser elegido Presidente o Vicepresidente de la República se requiere las mismas condiciones exigidas para Senador.

Artículo 89. No pueden ser elegidos Presidente ni Vicepresidente de la República:

1. Los Ministros de Estado o Presidentes de entidades de función económica o social en las que tenga participación el Estado que no hubieren renunciado al cargo seis meses antes del día de la elección.
2. Los parientes consanguíneos y afines dentro del segundo grado, de acuerdo al cómputo civil, de quienes se hallaren en ejercicio de la Presidencia o Vicepresidencia de la República durante el último año anterior a la elección.

3. Los miembros de las Fuerzas Armadas en servicio activo, los del clero y los ministros de cualquier culto religioso.

Artículo 90.

I. Si en las elecciones generales ninguna de las fórmulas para Presidente y Vicepresidente de la República obtuviera la mayoría absoluta de sufragios válidos, el Congreso elegirá por mayoría absoluta de votos válidos, en votación oral y nominal, entre las dos fórmulas que hubieran obtenido el mayor número de sufragios válidos.
II. En caso de empate, se repetirá la votación por dos veces consecutivas, en forma oral y nominal. De persistir el empate, se proclamará Presidente y Vicepresidente a los candidatos que hubieran logrado la mayoría simple de sufragios válidos en la elección general.
III. La elección y el cómputo se harán en Sesión pública y permanente por razón de tiempo y materia.

Artículo 91. La proclamación de Presidente y Vicepresidente de la República se hará mediante ley.

Artículo 92. Al tomar posesión del cargo, el Presidente y Vicepresidente de la República, jurarán solemnemente, ante el Congreso, fidelidad a la República y a la Constitución.

Artículo 93.

1. En caso de impedimento o ausencia temporal del Presidente de la República, antes o después de su proclamación, lo reemplazará el Vicepresidente y, a falta de Éste y en forma sucesiva, el Presidente del Senado, el de la Cámara de Diputados o el de la Corte Suprema de Justicia.
2. El Vicepresidente asumirá la Presidencia de la República si Ésta quedare vacante antes o después de la proclamación del Presidente electo, y la ejercerá hasta la finalización del periodo Constitucional.

3. A falta del Vicepresidente hará sus veces el Presidente del Senado y en su defecto, el Presidente de la Cámara de Diputados y el de la Corte Suprema de Justicia, en estricta prelación. En este último caso, si aún no hubieran transcurrido tres años del periodo Presidencial, se procederá a una nueva elección del Presidente y Vicepresidente, solo para completar dicho período.

Artículo 94. Mientras el Vicepresidente no ejerza el Poder Ejecutivo, desempeñará el cargo de Presidente del Senado, sin perjuicio de que esta Cámara elija su Presidente para que haga las veces de aquél en su ausencia.

Artículo 95. El Presidente de la República no podrá ausentarse del territorio nacional sin permiso del Congreso.

Artículo 96. Son atribuciones del Presidente de la República:

1. Ejecutar y hacer cumplir las leyes, expidiendo los decretos y órdenes convenientes, sin definir privativamente derechos, alterar los definidos por ley ni contrariar sus disposiciones, guardando las restricciones consignadas en esta Constitución.
2. Negociar y concluir tratados con naciones extranjeras; canjearlos, previa ratificación del Congreso.
3. Conducir las relaciones exteriores, nombrar funcionarios diplomáticos y consulares, admitir a los funcionarios extranjeros en general.
4. Concurrir a la formación de Códigos y Leyes mediante mensajes especiales.
5. Convocar al Congreso a Sesiones Extraordinarias.
6. Administrar las rentas nacionales y decretar su inversión por intermedio del respectivo Ministerio, con arreglo a las leyes y con estricta sujeción al presupuesto.
7. Presentar al Legislativo, dentro de las 30 primeras Sesiones Ordinarias, los presupuestos nacional y departamentales para la siguiente gestión financiera y proponer, durante su vigencia, las modificaciones que estime necesarias. La cuenta de los gastos públicos conforme al presupuesto se presentará anualmente.

8. Presentar al Legislativo los planes de desarrollo que sobrepasen los presupuestos ordinarios en materia o en tiempo de gestión.

9. Velar por las resoluciones municipales, especialmente las relativas a rentas e impuestos, y denunciar ante el Senado las que sean contrarias a la Constitución y a las leyes, siempre que la Municipalidad transgresora no cediese a los requerimientos del Ejecutivo.

10. Presentar anualmente al Congreso, en la Primera Sesión Ordinaria, mensaje escrito acerca del curso y estado de los negocios de la administración durante el año, acompañando las memorias ministeriales.

11. Prestar a las Cámaras, mediante los Ministros, los informes que soliciten, pudiendo reservar los relativos a negociaciones diplomáticas que a su juicio no deban publicarse.

12. Hacer cumplir las sentencias de los tribunales.

13. Decretar amnistía por delitos políticos, sin perjuicio de las que pueda conceder el Legislativo.

14. Nombrar al Contralor General de la República y al Superintendente de Bancos, de las ternas propuestas por el Senado Nacional, y a los presidentes de las entidades de función económica y social en las cuales tiene intervención el Estado, de las ternas propuestas por la Cámara de Diputados.

15. Nombrar a los empleados de la administración cuya designación no esté reservada por ley a otro poder, y expedir sus títulos.

16. Nombrar interinamente, en caso de renuncia o muerte, a los empleados que deban ser elegidos por otro poder cuando Éste se encuentre en receso.

17. Asistir a la inauguración y clausura del Congreso.

18. Conservar y defender el orden interno y la seguridad exterior de la República, conforme a la Constitución.

19. Designar al Comandante en Jefe de las Fuerzas Armadas y a los Comandantes del Ejército, Fuerza Aérea, Naval y al Comandante General de la Policía Nacional.

20. Proponer al Senado, en caso de vacancia, ascensos a General de Ejército, de Fuerza Aérea, de División, de Brigada, a Almirante, Vicealmirante, Contraalmirante de las Fuerzas Armadas de la Nación, y a General de la Policía Nacional con informe de sus servicios y promociones.

21. Conferir, durante el estado de guerra internacional, los grados a que se refiere la atribución precedente en el campo de batalla.

22. Crear y habilitar puertos menores.

23. Designar a los representantes del Poder Ejecutivo ante las Cortes Electorales.

24. Ejercer la autoridad máxima del Servicio Nacional de Reforma Agraria. Otorgar Títulos ejecutoriales en virtud de la redistribución de las tierras, conforme a las disposiciones de la Ley de Reforma Agraria, así como los de Colonización.

25. Interponer el recurso abstracto y remedial, hacer las impugnaciones y formular las consultas ante el Tribunal Constitucional previstas en las Atribuciones 10, 30 y 80 del **Artículo** 1201 de esta Constitución.

Artículo 97. El grado de Capitán General de las Fuerzas Armadas es inherente a las funciones de Presidente de la República.

Artículo 98. El Presidente de la República visitará los distintos centros del país, por lo menos una vez durante el período de su mandato, para conocer sus necesidades.

Capítulo II. Ministros de Estado

Artículo 99. Los negocios de la Administración Pública se despachan por los Ministros de Estado, cuyo número y atribuciones determina la ley. Para su nombramiento o remoción bastará Decreto del Presidente de la República.

Artículo 100. Para ser Ministro de Estado se requiere las mismas condiciones que para Diputado.

Artículo 101.

I. Los Ministros de Estado son responsables de los actos de administración en sus respectivos ramos, juntamente con el Presidente de la República.

II. Su responsabilidad será solidaria por los actos acordados en Consejo de Gabinete.

Artículo 102. Todos los decretos y disposiciones del Presidente de la República deben ser firmados por el Ministro correspondiente. No serán válidos ni obedecidos sin este requisito.

Artículo 103. Los Ministros de Estado pueden concurrir a los debates de cualquiera de las Cámaras, debiendo retirarse antes de la votación.

Artículo 104. Luego que el Congreso abra sus Sesiones, los Ministros presentarán sus respectivos informes acerca del estado de la administración, en la forma que se expresa en el **Artículo** 961, Atribución 100.

Artículo 105.

1. La cuenta de inversión de las rentas, que el Ministro de Hacienda debe presentar al Congreso, llevará la aprobación de los demás Ministros en lo que se refiere a sus respectivos despachos.
2. A la elaboración del presupuesto general concurrirán todos los Ministros.

Artículo 106. Ninguna orden verbal o escrita del Presidente de la República exime de responsabilidad a los Ministros.

Artículo 107. Los Ministros serán juzgados conforme a la Ley de Responsabilidad por los delitos que cometieren en el ejercicio de sus funciones y con arreglo a la Atribución 50 del **Artículo** 1181 de esta Constitución.

Capítulo III. Régimen interior

Artículo 108. El territorio de la República se divide políticamente en Departamentos, Provincias, Secciones de Provincias y Cantones.

Artículo 109.

I. En cada departamento el Poder Ejecutivo está a cargo y se administra por un Prefecto, designado por el Presidente de la República.

II. El Prefecto ejerce la función de Comandante General del departamento, designa y tiene bajo su dependencia a los subprefectos en las provincias y a los corregidores en los cantones, así como a las autoridades administrativas departamentales cuyo nombra miento no este reservado a otra instancia.

III. Sus demás atribuciones se fijan por ley.

IV. Los Senadores y Diputados podrán ser designados Prefectos de departamento, quedando suspensos de sus funciones parlamentarias por el tiempo que desempeñen el cargo.

Artículo 110.

I. El Poder Ejecutivo a nivel departamental se ejerce de acuerdo a un régimen de descentralización administrativa.

II. En cada departamento existe un Consejo Departamental, presidido por el Prefecto, cuya composición y atribuciones establece la ley.

Capítulo IV. Conservación del orden público

Artículo 111.

1. En los casos de grave peligro por causa de conmoción interna o guerra internacional el Jefe del Poder Ejecutivo podrá, con dictamen afirmativo del Consejo de Ministros, declarar el Estado de Sitio en la extensión del territorio que fuere necesario.

2. Si el Congreso se reuniese ordinaria o extraordinariamente, estando la República o una parte de ella bajo el Estado de Sitio, la continuación de Éste será objeto de una autorización legislativa. En igual forma se procederá si el Decreto de Estado de Sitio fuese dictado por el Poder Ejecutivo estando las Cámaras en funciones.

3. Si el Estado de Sitio no fuere suspendido antes de noventa días, cumplido este término caducará de hecho, salvo el caso de guerra civil o internacional.

Los que hubieren sido objeto de apremio serán puestos en libertad, a menos de haber sido sometidos a la jurisdicción de tribunales competentes.

4. El Ejecutivo no podrá prolongar el Estado de Sitio más allá de noventa días, ni declarar otro dentro del mismo año sino con asentimiento del Congreso. Al efecto, lo convocará a Sesiones Extraordinarias si ocurriere el caso durante el receso de las Cámaras.

Artículo 112. La declaratoria de Estado de Sitio produce los siguientes efectos:

1. El Ejecutivo podrá aumentar el número de efectivos de las Fuerzas Armadas y llamar al servicio las reservas que estime necesarias.

2. Podrá imponer la anticipación de contribuciones y rentas estatales que fueren indispensables, así como negociar y exigir empréstitos siempre que los recursos ordinarios fuesen insuficientes. En los casos de empréstito forzoso el Ejecutivo asignará las cuotas y las distribuirá entre los contribuyentes conforme a su capacidad económica.

3. Las garantías y los derechos que consagra esta Constitución no quedarán suspensos de hecho y en general con la sola declaratoria del Estado de Sitio; pero podrán serlo respecto de señaladas personas fundamentalmente sindicadas de tramar contra el orden público, de acuerdo a lo que establecen los siguientes párrafos.

4. Podrá la autoridad legítima expedir órdenes de comparendo o arresto contra los sindicados, pero en el plazo máximo de cuarenta y ocho horas los pondrá a disposición del juez competente, a quien pasará los documentos que hubiesen motivado el arresto. Si la conservación del orden público exigiese el alejamiento de los sindicados, podrá ordenarse su confinamiento a una capital de departamento o de provincia que no sea malsana. Queda prohibido el destierro por motivos políticos; pero al confinado, perseguido o arrestado por estos motivos, que pida pasaporte para el exterior, no podrá serle negado por causa alguna debiendo las autoridades otorgarle las garantías necesarias al efecto.

5. Los ejecutores de órdenes que violen estas garantías podrán ser enjuiciadas en cualquier tiempo, pasado que sea el Estado de Sitio, como reos de atentado

contra las garantías constitucionales, sin que les favorezca la excusa de haber cumplido órdenes superiores.

En caso de guerra internacional, podrá establecerse censura sobre la correspondencia y todo medio de publicación.

Artículo 113. El gobierno rendirá cuentas al próximo Congreso de los motivos que dieron lugar a la declaración del Estado de Sitio y del uso que hubiese hecho de las facultades que le confiere este capítulo, informando del resultado de los enjuiciamientos ordenados y sugiriendo las medidas indispensables para satisfacer las obligaciones que hubiese contraído por préstamos directos y percepción anticipada de impuestos.

Artículo 114.

I. El Congreso dedicará sus primeras Sesiones al examen de la cuenta a que se refiere el **Artículo** precedente, pronunciando su aprobación o declarando la responsabilidad del Poder Ejecutivo.

II. Las Cámaras podrán, al respecto, hacer las investigaciones que crean necesarias y pedir al Ejecutivo la explicación y justificación de todos sus actos relacionados con el Estado de Sitio, aunque no hubiesen sido ellos mencionados en la cuenta rendida.

Artículo 115.

I. Ni el Congreso, ni asociación alguna o reunión popular pueden conceder al Poder Ejecutivo facultades extraordinarias ni la suma del Poder Público, ni otorgarle supremacías por las que la vida, el honor y los bienes de los habitantes queden a merced del Gobierno, ni de persona alguna.

II. La inviolabilidad personal y las inmunidades establecidas por esta Constitución no se suspenden durante el Estado de Sitio para los representantes nacionales.

Título tercero. Poder Judicial

Capítulo I. Disposiciones generales

Artículo 116.

1. El Poder Judicial se ejerce por la Corte Suprema de Justicia de la Nación, el Tribunal Constitucional, las Cortes Superiores de Distrito, los tribunales y jueces de Instancia y demás tribunales y juzgados que establece la ley. La ley determina la organización y atribuciones de los tribunales y juzgados de la República. El Consejo de la Judicatura forma parte del Poder Judicial.
2. No pueden establecerse tribunales o juzgados de excepción.
3. La facultad de juzgar en la vía ordinaria, contenciosa y contencioso-administrativa y la de hacer ejecutar lo juzgado corresponde a la Corte Suprema y a los tribunales y jueces respectivos, bajo el principio de unidad jurisdiccional.
4. El control de constitucionalidad se ejerce por el Tribunal Constitucional.
5. El Consejo de la Judicatura es el órgano administrativo y disciplinario del Poder Judicial.
6. Los magistrados y jueces son independientes en la administración de justicia y no están sometidos sino a la Constitución y la ley. No podrán ser destituidos de sus funciones, sino previa sentencia ejecutoriada.
7. La ley establece el Escalafón Judicial y las condiciones inamovilidad de los ministros, magistrados, consejeros y jueces.
8. El Poder Judicial tiene autonomía económica y administrativa. El presupuesto general de la Nación asignará una partida anual, centralizada en el Tesoro Judicial, que depende del Consejo de la Judicatura. El Poder Judicial no está facultado para crear o establecer tasas ni derechos judiciales.
9. El ejercicio de la judicatura es incompatible con toda otra actividad pública y privada remunerada, con excepción de la cátedra universitaria.
10. La gratitud, publicidad, celeridad y probidad en los juicios son condiciones esenciales de la administración de justicia. El Poder Judicial es responsable de proveer defensa legal gratuita a los indigentes, así como servicios de traducción cuando su lengua materna no sea el castellano.

Capítulo II. Corte Suprema de Justicia

Artículo 117.

I. La Corte Suprema es el máximo tribunal de justicia ordinaria, contenciosa y contencioso-administrativa de la República. Tiene su sede en la ciudad de Sucre.

II. Se compone de doce ministros que se organizan en Salas especializadas, con sujeción a la ley.

III. Para ser Ministro de la Corte Suprema se requiere las condiciones exigidas por los artículos 64 y 61 de esta Constitución con la excepción de los numerales 21 y 41 del **Artículo** 61, tener título de Abogado en Provisión Nacional, y haber ejercido con idoneidad la judicatura, la profesión o la cátedra universitaria por lo menos durante diez años.

IV. Los ministros son elegidos por el Congreso Nacional por dos tercios de votos del total de sus miembros, de nóminas propuestas por el Consejo de la Judicatura. Desempeñan sus funciones por un período personal e improrrogable de diez años, computables desde el día de su posesión y no pueden ser reelegidos sino pasado un tiempo igual al que hubiesen ejercido su mandato.

V. El Presidente de la Corte Suprema es elegido por la Sala Plena por dos tercios de votos del total de sus miembros. Ejerce sus funciones de acuerdo a la ley.

Artículo 118. Son atribuciones de la Corte Suprema:

1. Representar al Poder Judicial.

2. Designar, por dos tercios de votos de los miembros de la Sala Plena, a los Vocales de las Cortes Superiores de Distrito, de nóminas propuestas por el Consejo de la Judicatura.

3. Resolver los recursos de nulidad y casación en la jurisdicción ordinaria y administrativa.

4. Dirimir las competencias que se susciten entre las Cortes Superiores de Distrito.

5. Fallar en los juicios de responsabilidad contra el Presidente y Vicepresidente de la República, ministros de Estado y prefecto de Departamento por delitos cometidos en el ejercicio de sus funciones, a requerimiento del Fiscal General

de la República, previa autorización del Congreso Nacional, fundada jurídicamente y concedida por dos tercios de votos del total de sus miembros, en cuyo caso el sumario estará a cargo de la Sala Penal y si Ésta se pronuncia por la acusación, el juicio se substanciará por las demás Salas, sin recurso ulterior.

6. Fallar en única instancia, en las causas de responsabilidad penal seguidas, a requerimiento del Fiscal General de la República, previa acusación de la Sala Penal, contra el Contralor General de la República, Vocales de las cortes superiores, Defensor del Pueblo, vocales de la Corte Nacional Electoral y superintendentes establecidos por ley por delitos cometidos durante el ejercicio de sus funciones.

7. Resolver las causas contenciosas que resulten de los contratos, negociaciones y concesiones del Poder Ejecutivo y las demandas contencioso-administrativas a que dieren lugar las resoluciones del mismo.

8. Decidir las cuestiones de límites que se suscitaren entre los departamentos, provincias, secciones y cantones.

La organización y funcionamiento de la Corte Suprema de Justicia se establecen por ley.

Capítulo III. Tribunal Constitucional

Artículo 119.

I. El Tribunal Constitucional es independiente y está sometido solo a la Constitución. Tiene su sede en la ciudad de Sucre.

II. Está integrado por cinco magistrados que conforman una sola sala y son designados por el Congreso Nacional por dos tercios de votos de los miembros presentes.

III. El Presidente del Tribunal Constitucional es elegido por dos tercios de votos del total de sus miembros. Ejerce sus funciones de acuerdo a la ley.

IV. Para ser Magistrado del Tribunal Constitucional se requieren las mismas condiciones que para ser Ministro de la Corte Suprema de Justicia.

V. Desempeñan sus funciones por un período personal de diez años improrrogables y pueden ser reelectos pasado un tiempo igual al que hubiesen ejercido su mandato.

VI. El enjuiciamiento penal de los magistrados del Tribunal Constitucional por delitos cometidos en el ejercicio de sus funciones, se rige por las normas establecidas para los ministros de la Corte Suprema de Justicia.

Artículo 120. Son atribuciones del Tribunal Constitucional conocer y resolver:

1. En única instancia, los asuntos de puro derecho sobre la inconstitucionalidad de leyes, decretos y cualquier género de resoluciones no judiciales. Si la acción es de carácter abstracto y remedial, solo podrán interponerla el Presidente de la República, o cualquier Senador o Diputado, el Fiscal General de la República o el Defensor del Pueblo.

2. Los conflictos de competencias y controversias entre los Poderes Públicos, la Corte Nacional Electoral, los departamentos y los municipios.

3. Las impugnaciones del Poder Ejecutivo a las resoluciones camarales, prefecturales y municipales;

4. Los recursos contra tributos, impuestos, tasas, patentes, derechos o contribuciones creados, modificados o suprimidos en contravención a lo dispuesto en esta Constitución.

5. Los recursos contra resoluciones del Poder Legislativo o una de sus cámaras, cuando tales resoluciones afecten a uno o más derechos o garantías concretas, cualesquiera sean las personas afectadas;

6. Los recursos directos de nulidad interpuestos en resguardo del **Artículo** 31 de esta Constitución.

7. La revisión de los recursos de amparo constitucional y «habeas corpus»;

8. Absolver las consultas del Presidente de la República, el Presidente del Honorable Congreso Nacional y el Presidente de la Corte Suprema de Justicia, sobre la constitucionalidad de proyectos de ley, decretos o resoluciones, o de leyes, decretos o resoluciones aplicables a un caso concreto. La opinión del Tribunal Constitucional es obligatoria para el órgano que efectúa la consulta;

9. La constitucionalidad de tratados o convenios con gobiernos extranjeros u organismos internacionales;

10. Las demandas respecto a procedimientos en la reforma de la Constitución.

Artículo 121.

I. Contra las sentencias del Tribunal Constitucional no cabe recurso ulterior alguno.

II. La sentencia que declara la inconstitucionalidad de una ley, decreto o cualquier género de resolución no judicial, hace inaplicable la norma impugnada y surte plenos efectos respecto a todos. La sentencia que se refiera a un derecho subjetivo controvertido, se limitará a declarar su inaplicabilidad al caso concreto.

III. Salvo que la sentencia disponga otra cosa, subsistirá la vigencia de la norma en las partes no afectadas por la inconstitucionalidad. La sentencia de inconstitucionalidad no afectará a sentencias anteriores que tengan calidad de cosa juzgada.

IV. La Ley reglamenta la organización y funcionamiento del Tribunal Constitucional, así como las condiciones para la admisión de los recursos y sus procedimientos.

Capítulo IV. Consejo de la Judicatura

Artículo 122.

1. El Consejo de la Judicatura es el órgano administrativo y disciplinario del Poder Judicial. Tiene su sede en la ciudad de Sucre.

2. El Consejo es presidido por el Presidente de la Corte Suprema de Justicia y está integrado por cuatro miembros denominados consejeros de la Judicatura, con título de abogado en provisión nacional y con diez años de ejercicio idóneo de la profesión o la cátedra universitaria.

3. Los consejeros son designados por el Congreso Nacional por el voto de dos tercios de sus miembros presente, desempeñan sus funciones por un período de diez años no pudiendo ser reelegidos sino pasado un tiempo igual al que hubiesen ejercido su mandato .

Artículo 123.

I. Son atribuciones del Consejo de la Judicatura:

1. Proponer al Congreso Nacional nóminas para la designación de los Ministros de la Corte Suprema de Justicia, y a esta última para la designación de los vocales de las cortes superiores de Distrito.
2. Proponer nóminas a las cortes superiores de Distrito para la designación de jueces, notarios y registradores de Derechos Reales.
3. Administrar el Escalafón Judicial y ejercer poder disciplinario sobre los vocales, jueces y funcionarios judiciales, de acuerdo a la ley;
4. Elaborar el presupuesto anual del Poder Judicial de conformidad a lo dispuesto por el **Artículo** 59, numeral 3 de la presente Constitución. Ejecutar su presupuesto conforme a ley y bajo control fiscal;
5. Ampliar las nóminas a que se refieren las atribuciones 11 y 21 de este **Artículo**, a instancia del órgano elector correspondiente.

II. La ley determina la organización y demás atribuciones administrativas y disciplinarias del Consejo de la Judicatura.

Título cuarto. Defensa de la sociedad

Capítulo I. Ministerio Público

Artículo 124. El Ministerio Público tiene por finalidad promover la acción de la justicia, defender la legalidad, los intereses del Estado y la sociedad, conforme a lo establecido en la Constitución y las leyes de la República.

Artículo 125.

I. El Ministerio Público representa al Estado y a la sociedad en el marco de la ley. Se ejerce por las comisiones que designen las cámaras legislativas, por el Fiscal General de la República y demás funcionarios designados conforme a ley.

II. Ministerio Público tiene a su cargo la dirección de las diligencias de policía judicial.

Artículo 126.

I. El Fiscal General de la República es designado por el Congreso Nacional por dos tercios de votos de sus miembros presente. Tiene su sede en la ciudad de Sucre.

II. El Fiscal General de la República desempeña sus funciones por el plazo improrrogable de diez años y puede ser reelecto después de transcurrido un tiempo igual al que hubiese ejercido su mandato. No puede ser destituido sino en virtud de sentencia condenatoria previa acusación de la Cámara de Diputados y juicio en única instancia en la Cámara de Senadores. A tiempo de decretar acusación, la Cámara de Diputados suspenderá de sus funciones al encausado. Para ser Fiscal General de la República se requieren las mismas condiciones que para ser Ministro de la Corte Suprema.

III. El Fiscal General de la República dará cuenta de sus actos al Poder Legislativo por lo menos una vez al año. Puede ser citado por las comisiones de las cámaras legislativas y coordina sus funciones con el Poder Ejecutivo.

IV. La Ley establece la estructura, organización y funcionamiento del Ministerio Público.

Capítulo II. Defensor del Pueblo

Artículo 127.

I. El Defensor del Pueblo vela por la vigencia y el cumplimiento de los derechos y garantías de las personas en relación a la actividad administrativa de todo el sector público. Asimismo, vela por la defensa, promoción y divulgación de los derechos humanos.

II. El Defensor del Pueblo no recibe instrucciones de los Poderes públicos. El presupuesto del Poder Legislativo contemplará una partida para el funcionamiento de esta institución.

Artículo 128.

I. Para ejercer las funciones de Defensor del Pueblo se requiere tener como mínimo, treinta y cinco años de edad y las condiciones que establece el **Artículo** 61 de esta Constitución, con excepción de los numerales 21 y 4.

II. El Defensor del Pueblo es elegido por dos tercios de votos de los miembros presentes del Congreso Nacional. No podrá ser enjuiciado, perseguido ni detenido por causa del ejercicio de sus funciones, salvo la comisión de delitos, en cuyo caso se aplicar a el procedimiento previsto en el **Artículo** 118, atribución 61 de esta Constitución.

III. El Defensor del Pueblo desempeña sus funciones por un período de cinco años y puede ser reelecto por una sola vez.

IV. El cargo del Defensor del Pueblo es incompatible con el desempeño de cualquier otra actividad pública, o privada remunerada a excepción de la docencia universitaria.

Artículo 129.

1. El Defensor del Pueblo tiene la facultad de interponer los recursos de inconstitucionalidad, directo de nulidad, amparo y «habeas corpus», sin necesidad de mandato.

2. El Defensor del Pueblo, para ejercer sus funciones, tiene acceso libre a los centros de detención, reclusión e internación.

3. Las autoridades y funcionarios de la administración pública tienen la obligación de proporcionar al Defensor del Pueblo la información que solicite en relación al ejercicio de sus funciones. En caso de no ser debidamente atendido en su solicitud, el Defensor deberá poner el hecho en conocimiento de las Cámaras Legislativas.

Artículo 130. El Defensor del Pueblo dará cuenta de sus actos al Congreso Nacional por lo menos una vez al año, en la forma que determine la ley, y podrá ser convocado por cualesquiera de las comisiones camerales, en relación al ejercicio de sus funciones.

Artículo 131. La organización y demás atribuciones del Defensor del Pueblo y la forma de designación de sus delegados adjuntos, se establecen por ley.

Parte tercera. Regímenes especiales

Título primero. Régimen económico y financiero

Capítulo I. Disposiciones generales

Artículo 132. La organización económica debe responde esencialmente a principios de justicia social que tiendan a asegurar para todos los habitantes, una existencia digna del ser humano.

Artículo 133. El régimen económico propenderá al fortalecimiento de la independencia nacional y al desarrollo del país mediante la defensa y el aprovechamiento de los recursos naturales y humanos en resguardo de la seguridad del Estado y en procura del bienestar del pueblo boliviano.

Artículo 134. No se permitirá la acumulación privada de poder económico en grado tal que ponga en peligro la independencia económica del Estado. No se reconoce ninguna forma de monopolio privado. Las concesiones de servicios públicos, cuando excepcionalmente se hagan, no podrán ser otorgadas por un período mayor de cuarenta años.

Artículo 135. Todas las empresas establecidas para explotaciones, aprovechamiento o negocios en el país se considerarán nacionales y estarán sometidas a la soberanía, a las leyes y a las autoridades de la República.

Capítulo II. Bienes nacionales

Artículo 136.

I. Son de dominio originario del Estado, además de los bienes a los que la ley les da esa calidad, el suelo y el subsuelo con todas sus riquezas naturales, las aguas lacustres, fluviales y medicinales, así como los elementos y fuerzas físicas susceptibles de aprovechamiento.

II. La ley establecerá las condiciones de este dominio, así como las de su concesión y adjudicación a los particulares.

Artículo 137. Los bienes del patrimonio de la Nación constituyen propiedad pública, inviolable, siendo deber de todo habitante del territorio nacional respetarla y protegerla.

Artículo 138. Pertenecen al patrimonio de la Nación los grupos mineros nacionalizados como una de las bases para el desarrollo y diversificación de la economía del país, no pudiendo aquellos ser transferidos o adjudicados en propiedad a empresas privadas por ningún título.

La dirección y administración superiores de la industria minera estatal estarán a cargo de una entidad autárquica con las atribuciones que determina la ley.

Artículo 139. Los yacimientos de hidrocarburos, cualquiera que sea el estado en que se encuentren o la forma en que se presente, son del dominio directo, inalienable e imprescriptible del Estado. Ninguna concesión o contrato podrá conferir la propiedad de los yacimientos de hidrocarburos. La exploración, explotación, comercialización y transporte de los hidrocarburos y sus derivados, corresponden al Estado. Este derecho lo ejercerá mediante entidades autárquicas o a través de concesiones y contratos por tiempo limitado, a sociedades mixtas de operación conjunta o a personas privadas, conforme a ley.

Artículo 140. La promoción y desarrollo de la energía nuclear es función del Estado.

Capítulo III. Política económica del Estado

Artículo 141. El Estado podrá regular, mediante ley, el ejercicio del comercio y de la industria, cuando así lo requieran, con carácter imperioso, la seguridad o necesidad públicas. Podrá también, en estos casos, asumir la dirección superior de la economía nacional. Esta intervención se ejercerá en forma de control, de estímulo o de gestión directa.

Artículo 142. El Poder Ejecutivo podrá, con cargo de aprobación legislativa en Congreso, establecer el monopolio fiscal de determinadas exportaciones, siempre que las necesidades del país así lo requieran.

Artículo 143. El Estado determinará la política monetaria, bancaria y crediticia con objeto de mejorar las condiciones de la economía nacional. Controlará, asimismo, las reservas monetarias.

Artículo 144.

I. La programación del desarrollo económico del país se realizará en ejercicio y procura de la soberanía nacional. El Estado formulará periódicamente el plan general de desarrollo económico y social de la República, cuya ejecución será obligatoria. Este planeamiento comprenderá los sectores estatal, mixto y privado de la economía nacional.
II. La iniciativa privada recibirá el estímulo y la cooperación del Estado cuando contribuya al mejoramiento de la economía nacional.

Artículo 145. Las explotaciones a cargo del Estado se realizarán de acuerdo a planificación económica y se ejecutarán preferentemente por entidades autónomas, autárquicas o sociedades de economía mixta. La dirección y administración superiores de éstas se ejercerán por directorios designados conforme a ley. Los directores no podrán ejercer otros cargos públicos ni desempeñar actividades industriales, comerciales o profesionales relacionadas con aquellas entidades.

Capítulo IV. Rentas y presupuestos

Artículo 146.

I. Las rentas del Estado se dividen en nacionales, departamentales y municipales, y se invertirán independientemente por sus tesoros conforme a sus respectivos presupuestos, y en relación al plan general de desarrollo económico y social del país.

II. La ley clasificará los ingresos nacionales, departamentales y municipales.

III. Los recursos departamentales, municipales, judiciales y universitarios, recaudados por oficinas dependientes del Tesoro Nacional, no serán centralizados en dicho Tesoro.

IV. El Poder Ejecutivo determinará las normas destinadas a la elaboración y presentación de los proyectos de presupuestos de todo el sector público.

Artículo 147.

I. El Poder Ejecutivo presentará al Legislativo, dentro de las treinta primeras sesiones ordinarias, los proyectos de ley de los presupuestos nacionales y departamentales.

II. Recibidos los proyectos de ley de los presupuestos, deberán ser considerados en Congreso dentro del término de sesenta días.

III. Vencido el plazo indicado, sin que los proyectos hayan sido aprobados, Éstos tendrán fuerza de ley.

Artículo 148.

I. El Presidente de la República, con acuerdo del Consejo de Ministros, podrá decretar pagos no autorizados por la ley del presupuesto, únicamente para atender necesidades impostergables derivadas de calamidades públicas, de conmoción interna o del agotamiento de recursos destinados a mantener los servicios cuya paralización causaría graves daños. Los gastos destinados a estos fines no excederán del uno por ciento del total de egresos autorizados por el Presupuesto Nacional.

II. Los ministros de Estado y funcionarios que den curso a gastos que contravengan lo dispuesto en este **Artículo** serán responsables solidariamente de su reintegro y culpables del delito de malversación de caudales públicos.

Artículo 149. Todo proyecto de ley que implique gastos para el Estado debe indicar, al propio tiempo, la manera de cubrirlos y la forma de inversión.

Artículo 150. La deuda pública está garantizada. Todo compromiso del Estado, contraído conforme a las leyes, es inviolable.

Artículo 151. La cuenta general de los ingresos y egresos de cada gestión financiera será presentada por el Ministro de Hacienda al Congreso de la primera sesión ordinaria.

Artículo 152. Las entidades autónomas y autárquicas también deberán presentar anualmente al Congreso la cuenta de sus rentas y gastos, acompañada de un informe de la Contraloría General.

Artículo 153.

I. Las prefecturas de Departamento y los municipios no podrán crear sistemas protectores ni prohibitivos que afecten a los intereses de otras circunscripciones de la República, ni dictar ordenanzas de favor para los habitantes del Departamento, ni de exclusión para otros bolivianos.
II. No podrán existir aduanillas, retenes, ni trancas de ninguna naturaleza en el territorio de la República, que no hubieran sido creadas por leyes expresas.

Capítulo V. Contraloría General

Artículo 154. Habrá una oficina de contabilidad y contralor fiscales que se denominará Contraloría General de la República. La ley determinará las atribuciones y responsabilidades del Contralor General y de los funcionarios de su dependencia. El Contralor General dependerá directamente del Presidente de la República, será nombrado por éste de la terna propuesta por el Senado y gozará de la misma inamovilidad y período que los ministros de la Corte Suprema de Justicia.

Artículo 155. La Contraloría General de la República tendrá el control fiscal sobre las operaciones de entidades autónomas, autárquicas y sociedades de economía mixta. La gestión anual será sometida a revisiones de auditoría especializada. Anualmente publicará memorias y estados demostrativos de su situación financiera y rendirá las cuentas que señala la ley. El Poder Legislativo mediante sus Comisiones tendrá amplia facultad de fiscalización de dichas entidades. Ningún funcionario de la Contraloría General de la República formará parte de los directorios de las entidades autárquicas cuyo control Esté a su cargo, ni percibirá emolumentos de dichas entidades.

Título segundo. Régimen social

Artículo 156. El trabajo es un deber y un derecho y constituye la base del orden social y económico.

Artículo 157.

I. El trabajo y el capital gozan de la protección del Estado. La ley regulará sus relaciones estableciendo normas sobre contratos individuales y colectivos, salario mínimo, jornada máxima, trabajo de mujeres y menores, descansos semanales y anuales remunerados, feriados, aguinaldos, primas u otros sistemas de participación en las utilidades de la empresa, indemnización por tiempo de servicios, desahucios, formación profesional y otros beneficios sociales y de protección a los trabajadores.
II. Corresponde al Estado crear condiciones que garanticen para todos posibilidades de ocupación laboral, estabilidad en el trabajo y remuneración justa.

Artículo 158.

I. El Estado tiene la obligación de defender el capital humano protegiendo la salud de la población; asegurará la continuidad de sus medios de subsistencia y rehabilitación de las personas inutilizadas; propenderá asimismo al mejoramiento de las condiciones de vida del grupo familiar.

II. Los regímenes de seguridad social se inspirarán en los principios de universalidad, solidaridad, unidad de gestión, economía, oportunidad y eficacia, cubriendo las contingencias de enfermedad, maternidad, riesgos profesionales, invalidez, vejez, muerte, paro forzoso, asignaciones familiares y vivienda de interés social.

Artículo 159.

I. Se garantiza la libre asociación patronal. Se reconoce y garantiza la sindicalización como medio de defensa, representación, asistencia, educación y cultura de los trabajadores, así como el fuero sindical en cuanto garantía para sus dirigentes por las actividades que desplieguen en el ejercicio específico de su mandato, no pudiendo éstos ser perseguidos ni presos.
II. Se establece, asimismo, el derecho de huelga como el ejercicio de la facultad legal de los trabajadores de suspender labores para al defensa de sus derechos, previo cumplimiento de las formalidades legales.

Artículo 160. El Estado fomentará, mediante legislación adecuada, la organización de cooperativas.

Artículo 161. El Estado, mediante tribunales u organismos especiales resolverá los conflictos entre patronos y trabajadores o empleados, así como los emergentes de la seguridad social.

Artículo 162.

I. Las disposiciones sociales son de orden público. Serán retroactivas cuando la ley expresamente lo determine.
II. Los derechos y beneficios reconocidos en favor de los trabajadores no pueden renunciarse, y son nulas las convenciones contrarias o que tiendan a burlar sus efectos.

Artículo 163. Los beneméritos de la Patria merecen gratitud y respeto de los poderes públicos y de la ciudadanía, en su persona y patrimonio legalmente adquirido. Ocuparán preferentemente cargos en la Administración Pública o en las entidades autárquicas o semiautárquicas, según su capacidad. En caso de desocupación forzosa, o en el de carecer de medios económicos para su subsistencia, recibirán del Estado pensión vitalicia de acuerdo a ley. Son inamovibles en los cargos que desempeñen salvo casos de impedimento legal establecido por sentencia ejecutoriada. Quienes desconozcan este derecho quedan obligados al resarcimiento personal, al benemérito perjudicado, de daños económicos y morales tasados en juicio.

Artículo 164. El servicio y la asistencia sociales son funciones del Estado y sus condiciones serán determinadas por ley. Las normas relativas a la salud pública son de carácter coercitivo y obligatorio.

Título tercero. Régimen agrario y campesino

Artículo 165. Las tierras son del dominio originario de la nación y corresponde al Estado la distribución, reagrupamiento y redistribución de la propiedad agraria conforme a las necesidades económico-sociales y de desarrollo rural.

Artículo 166. El trabajo es la fuente fundamental para la adquisición y conservación de la propiedad agraria, y se establece el derecho del campesino a la dotación de tierras.

Artículo 167. El Estado no reconoce el latifundio. Se garantiza la existencia de las propiedades comunarias, cooperativas privadas. La ley fijará sus normas y regulará sus transformaciones.

Artículo 168. El Estado planificará y fomentará el desarrollo económico y social de las comunidades campesinas y de las cooperativas agropecuarias.

Artículo 169. El solar campesino y la pequeña propiedad se declaran indivisibles; constituyen el mínimo vital y tienen el carácter de patrimonio familiar inembargable de acuerdo a ley. La mediana propiedad y la empresa agropecuaria reconocidas por ley gozan de la protección del Estado en tanto cumplan una función económico-social de acuerdo con los planes de desarrollo.

Artículo 170. El Estado regulará el régimen de explotación de los recursos naturales renovables precautelando su conservación e incremento.

Artículo 171.

I. Se reconocen, respetan y protegen en el marco de la ley, los derechos sociales, económicos y culturales de los pueblos indígenas que habitan en el territorio nacional, especialmente los relativos a sus tierras comunitarias de origen garantizando del u so y aprovechamiento sostenible de los recursos naturales, a su identidad, valores, lenguas y costumbres e instituciones.
II. El Estado reconoce la personalidad jurídica de las comunidades indígenas y campesinas y de las asociaciones y sindicatos campesinos.
III. Las autoridades naturales de las comunidades indígenas y campesinas podrán ejercer funciones de administración y aplicación de normas propias como solución alternativa de conflictos, en conformidad a sus costumbres y procedimientos, siempre que no sea n contrarias a esta Constitución y las leyes. La Ley compatibilizará estas funciones con las atribuciones de los poderes del Estado.

Artículo 172. El Estado fomentará planes de colonización para el logro de una racional distribución demográfica y mejor explotación de la tierra y de los recursos naturales del país. Contemplando prioritariamente las áreas fronterizas.

Artículo 173. El Estado tiene obligación de conceder créditos de fomento a los campesinos para elevar la producción agropecuaria. Su concesión se regulará mediante ley.

Artículo 174. Es función del Estado la supervisión e impulso de la alfabetización y educación del campesino en los ciclos fundamental, técnico y profesional, de acuerdo a los planes y programas de desarrollo rural, fomentando su acceso a la cultura en todas sus manifestaciones.

Artículo 175. El Servicio Nacional de Reforma Agraria tiene jurisdicción en todo el territorio de la república. Los Títulos ejecutoriales son definitivos, causan estado y no admiten ulterior recurso, estableciendo perfecto y pleno derecho de propiedad para su inscripción definitiva en el Registro de Derechos Reales.

Artículo 176. No corresponde a la justicia ordinaria revisar, modificar y menos anular las decisiones de la judicatura agraria cuyos fallos constituyen verdades jurídicas, comprobadas, inamovibles y definitivas.

Título cuarto. Régimen cultural

Artículo 177.
La educación es la más alta función del Estado, y, en ejercicio de esta función, deberá fomentar la cultura del pueblo.
Se garantiza la libertad de enseñanza bajo la tuición del Estado.
La educación fiscal gratuita y se la imparte sobre la base de la escuela unificada y democrática. En el ciclo primario es obligatoria.

Artículo 178. El Estado promoverá la educación vocacional y la enseñanza profesional técnica orientándola en función del desarrollo económico y la soberanía del país.

Artículo 179. La alfabetización es una necesidad social a la que deben contribuir todos los habitantes.

Artículo 180. El Estado auxiliará a los estudiantes sin recursos económicos para que tengan acceso a los ciclos superiores de enseñanza, de modo que sean la vocación y la capacidad de condiciones que prevalezcan sobre la posición social y económica.

Artículo 181. Las escuelas de carácter particular estarán sometidas a las mismas autoridades que las públicas y se regirán por los planes, programas y reglamentos oficialmente aprobados.

Artículo 182. Se garantiza la libertad de enseñanza religiosa.

Artículo 183. Las escuelas sostenidas por instituciones de beneficencia recibirán la cooperación del Estado.

Artículo 184. La educación fiscal y privada en los ciclos preescolar, primario, secundario; normal y especial, estará regida por el Estado mediante el Ministerio del ramo de acuerdo al Código de la Educación. El personal docente es inamovible bajo las condiciones estipuladas por ley.

Artículo 185.

I. Las universidades públicas son autónomas e iguales en jerarquía. La autonomía consiste en la libre administración de sus recursos, el nombramiento de sus rectores, personal docente y administrativo, la elaboración y aprobación de sus estatutos, planes de estudio y presupuestos anuales, la aceptación de legados y donaciones y celebración de contratos para realizar sus fines y sostener y perfeccionar sus institutos y facultades. Podrán negociar empréstitos con garantía de sus bienes y recursos, previa apobación legislativa.
II. Las universidades públicas constituirán, en ejercicio de su autonomía, la Universidad Boliviana, la que coordinará y programará sus fines y funciones mediante un organismo central de acuerdo a un plan nacional de desarrollo universitario.

Artículo 186. Las universidades públicas están autorizadas para extender diplomas académicos y Títulos en provisión nacional.

Artículo 187. Las universidades públicas serán obligatoria y suficientemente subvencionadas por el Estado con fondos nacionales, independientemente de sus recursos departamentales, municipales y propios, creados o por crearse.

Artículo 188.

I. Las universidades privadas, reconocidas por el Poder Ejecutivo, están autorizadas para expedir diplomas académicos. Los Títulos en provisión nacional serán otorgados por el Estado.
II. El Estado no subvencionará a las universidades privadas. El funcionamiento de estas, sus estatutos, programas y planes de estudio requerirán la aprobación previa del Poder Ejecutivo.
III. No se otorgará autorización a las universidades privadas cuyos planes de estudio no aseguren una capacitación técnica, científica y cultural al servicio de la nación y del pueblo y no estén dentro del espíritu que informa la presente Constitución.
IV. Para el otorgamiento de los diplomas académicos de las universidades privadas, los tribunales examinadores, en los exámenes de grado, serán integrados por delegados de las universidades estatales, de acuerdo a ley.

Artículo 189. Todas las universidades del país tienen la obligación de mantener institutos destinados a la capacitación cultural, técnica y social de los trabajadores y sectores populares.

Artículo 190. La educación, en todos sus grados, se halla sujeta a la tuición del Estado ejercida por intermedio del Ministerio del ramo.

Artículo 191.

I. Los monumentos y objetos arqueológicos son de propiedad del Estado. La riqueza artística colonial, la arqueología, la historia y documental, así como la procedente del culto religioso son tesoro cultural de la Nación, están bajo el amparo del Estado y no pueden ser exportadas.
II. El Estado organizará un registro de la riqueza artística, histórica, religiosa y documental, proveerá a su custodia y atenderá a su conversación.
III. El Estado protegerá los edificios y objetos que sean declarados de valor histórico o artístico.

Artículo 192. Las manifestaciones del arte e industrias populares son factores de la cultura nacional y gozan de especial protección del Estado, con el fin de conservar su autenticidad e incrementar su producción y difusión.

Título quinto. Régimen familiar

Artículo 193. El matrimonio, la familia y la maternidad están bajo la protección del Estado.

Artículo 194.

I. El matrimonio descansa en la igualdad de derechos y deberes de los cónyuges.
II. Las uniones libres o de hecho, que reúnan condiciones de estabilidad y singularidad y sean mantenidas entre personas con capacidad legal para contraer enlace producen efectos similares a los del matrimonio en las relaciones personales y patrimoniales de los convivientes y en los que respecta a los hijos nacidos de ellas.

Artículo 195.

I. Todos los hijos, sin distinción de origen, tienen iguales derechos y deberes respecto a sus progenitores.
II. La filiación se establecerá por todos los medios que sean conducentes a demostrarla, de acuerdo al régimen que determine la ley.

Artículo 196. En los casos de separación de los cónyuges, la situación de los hijos se definirá teniendo en cuenta el mejor cuidado e interés moral y material de Éstos. Las convenciones que celebraren o las proposiciones que hicieren los padres pueden aceptarse por la autoridad judicial siempre que consulten dicho interés.

Artículo 197.

I. La autoridad del padre y de la madre, así como la tutela, se establecen en interés de los hijos, de los menores y de los inhabilitados, en armonía con los intereses de la familia y de la sociedad. La adopción y las instituciones afines a ella se organizarán igualmente en beneficio de los menores.
II. Un código especial regulará las relaciones familiares.

Artículo 198. La ley determinará los bienes que formen el patrimonio familiar inalienable e inembargable, así como las asignaciones familiares, de acuerdo al régimen de seguridad social.

Artículo 199.

I. El Estado protegerá la salud física, mental y moral de la infancia, y defenderá los derechos del niño al hogar y a la educación.
II. Un código especial regulará la protección del menor en armonía con la legislación general.

Título sexto. Régimen municipal

Artículo 200.

I. El gobierno y la administración de los municipios están a cargo de gobiernos municipales autónomos y de igual jerarquía. En los cantones habrá agentes municipales bajo supervisión y control del Gobierno Municipal de su jurisdicción.
II. La autonomía municipal consiste en la potestad normativa, ejecutiva, administrativa y técnica en el ámbito de su jurisdicción y competencia territoriales.
III. El Gobierno Municipal está a cargo de un Consejo y un Alcalde.
IV. Los Concejales son elegidos en votación universal, directa y secreta por un período de cinco años, siguiendo el sistema de representación proporcional determinado por ley. Los agentes municipales se elegirán de la misma forma, por simple mayoría de sufragios.

V. Son candidatos a Alcalde quienes estén inscritos en primer lugar en las líneas de concejales de los partidos. El Alcalde será elegido por mayoría absoluta de votos válidos.

VI. Si ninguno de los candidatos a Alcalde obtuviera la mayoría absoluta, el Consejo tomará a los dos que hubieran logrado el mayor número de sufragios válidos y de entre ellos hará la elección por mayoría absoluta de votos válidos del total de miembros del Consejo, mediante votación oral y nominal. En caso de empate se repetirá la votación oral y nominal. De persistir el empate se proclamará Alcalde al candidato que hubiere logrado la mayoría simple en la elección municipal. La elección y el cómputo se hará en Sesión pública y permanente por razón de Tiempo y Materia, y la proclamación mediante Resolución Municipal.

VII. La ley determina el número de miembros de los consejos municipales.

Artículo 201.

I. El Consejo Municipal tiene la potestad normativa y fiscalizadora. Los gobiernos municipales no podrán establecer tributos que no sean tasas o patentes cuya creación requiera aprobación previa de la Cámara de Senadores, basada en un dictamen técnico del Poder Ejecutivo. El Alcalde Municipal tiene potestad ejecutiva, administrativa y técnica en el ámbito de su competencia.

II. Cumplido por lo menos un año desde la posesión del Alcalde que hubiese sido elegido conforme al Párrafo VI del **Artículo** 2001, el Consejo puede censurarlo y removerlo por tres quintos del total de sus miembros, mediante voto constructivo de censura siempre que simultáneamente elija al sucesor de entre los Concejales. El sucesor así elegido ejercerá el cargo hasta concluir el período respectivo. Este procedimiento no podrá volverse a intentar sino hasta cumplido un año después del cambio de un Alcalde, ni tampoco en el último año de gestión municipal.

Artículo 202. Las municipalidades pueden asociarse o mancomunarse entre sí y convenir tipos de con personas individuales o colectivas de derecho público y privado, para el mejor cumplimiento de sus fines, con excepción de lo prescrito en la atribución 50 del **Artículo** 591 de la Constitución política del Estado.

Artículo 203. Cada Municipio tiene una jurisdicción territorial continua y determinada por ley.

Artículo 204. Para ser elegido Concejal o Agente Cantonal se requiere tener como mínimo veintiún años de edad y estar domiciliado en la jurisdicción municipal respectiva durante el año anterior a la elección.

Artículo 205. La ley determina la organización y atribuciones del Gobierno Municipal.

Artículo 206. Dentro del radio urbano los propietarios no podrán poseer extensiones de suelo no edificadas mayores que las fijadas por la ley. Las superficies excedentes podrán ser expropiadas y destinadas a la construcción de viviendas de interés social.

Título séptimo. Régimen de las Fuerzas Armadas

Artículo 207. Las Fuerzas Armadas de la nación están orgánicamente constituidas por el Comando en jefe, Ejército, Fuerza Aérea, Fuerza Naval, cuyos efectivos serán fijados por el Poder legislativo, a proposición del Ejecutivo.

Artículo 208. Las Fuerzas Armadas tienen por misión fundamental defender y conservar la independencia nacional, la seguridad y estabilidad de la República y el honor y soberanía nacionales; asegurar el imperio de la Constitución política, garantizar la estabilidad del Gobierno legalmente constituidos y cooperar en el desarrollo integral del país.

Artículo 209. La organización de las Fuerzas Armadas descansa en su jerarquía y disciplina. Es esencialmente obediente, no delibera y está sujeta a las leyes y reglamentos militares. Como organismo institucional no realiza acción política, pero individualmente sus miembros gozan y ejercen los derechos de ciudadanía en las condiciones establecidas pro ley.

Artículo 210.

I. Las Fuerzas Armadas dependen del Presidente de la República reciben sus órdenes, en lo administrativo, por intermedio del Ministro de Defensa, y en lo técnico, del Comandante en Jefe.
II. En caso de guerra el Comandante en Jefe de las Fuerzas Armadas dirigirá las operaciones.

Artículo 211.

I. Ningún extranjero ejercerá mando ni empleo o cargo administrativo en las Fuerzas Armadas sin previa autorización del Capitán General.
II. Para Desempeñar los cargos de Comandante en Jefe de las Fuerzas Armadas, Jefes de Estado Mayor del Ejército, Fuerza Aérea, Fuerza Naval y de grandes unidades, es indispensable ser boliviano de nacimiento y reunir los requisitos que señala la ley. Iguales condiciones serán necesarias para ser Subsecretario del Ministerio de Defensa nacional.

Artículo 212. El Consejo Supremo de Defensa Nacional, cuya composición, organización y atribuciones determinará la ley, estará presidido por el Capitán General de las Fuerzas Armadas.

Artículo 213. Todo boliviano está obligado a prestar servicio militar de acuerdo a ley.

Artículo 214. Los ascensos en las Fuerzas Armadas serán otorgados conforme a la ley respectiva.

Título octavo. Régimen de la Policía Nacional

Artículo 215.

I. La Policía Nacional, como fuerza pública, tiene la misión específica de la defensa de la sociedad y la conservación del orden público y la defensa y el cumplimiento de las leyes en todo el territorio nacional. Ejerce la función policial de manera integral y bajo mando único, en conformidad con su Ley Orgánica y las leyes de la República.

II. Como institución no delibera ni participa en acción política partidaria, pero individualmente sus miembros gozan y ejercen sus derechos ciudadanos de acuerdo a ley.

Artículo 126. Las Fuerzas de la Policía nacional dependen del Presidente de la República por intermedio del Ministerio de Gobierno.

Artículo 217. Para ser designado Comandante General de la Policía Nacional, es indispensable ser boliviano de nacimiento, General de la institución y reunir los requisitos que señala la ley.

Artículo 218. En caso de guerra internacional, las fuerzas de la Policía Nacional pasan a depender del Comando en Jefe de las Fuerzas Armadas por el tiempo que dure el conflicto.

Título noveno. Régimen electoral

Capítulo I. El sufragio

Artículo 219. El sufragio constituye la base del régimen democrático representativo y se funda en el voto universal, directo e igual, individual y secreto, libre y obligatorio; en el escrutinio público y en el sistema de representación proporcional.

Artículo 220. Son electores todos los bolivianos mayores de dieciocho años de edad, cualquiera sea su grado de instrucción y ocupación, sin más requisito que su inscripción obligatoria en el Registro Electoral. En las elecciones municipales votarán los ciudadanos extranjeros en las condiciones que establezca la ley.

Artículo 221. Son elegibles los ciudadanos que reúnan los requisitos establecidos por la Constitución y la Ley.

Capítulo II. Los partidos políticos

Artículo 222. Los ciudadanos tienen el derecho de organizarse en partidos políticos con arreglo a la presente Constitución y la Ley Electoral.

Artículo 223. La representación popular se ejerce por medio de los partidos políticos o de los frentes o coaliciones formadas por Éstos. Las agrupaciones cívicas representativas de las fuerzas vivas del país, con personalidad reconocida, podrán formar parte de dichos frentes o coaliciones de partidos y presentar sus candidatos a Presidente y Vicepresidente de la República, Senadores, Diputados y Concejales.

Artículo 224. Los partidos políticos se registrarán y harán reconocer su personalidad por la Corte Nacional Electoral.

Capítulo III. Los órganos electorales

Artículo 225. Los órganos electorales son:

1. La Corte Nacional Electoral;
2. Las Cortes Departamentales;
3. Los Juzgados Electorales;
4. Los Jurados de las Mesas de Sufragios;
5. Los Notarios Electorales y otros funcionarios que la ley respectiva instituya.

Artículo 226. Se establece y garantiza la autonomía, independencia e imparcialidad de los órganos electorales.

Artículo 227. La composición así como la jurisdicción y competencia de los órganos electorales serán establecidas por ley.

Parte cuarta. Primacía y reforma de la Constitución

Título primero. Primacía de la Constitución

Artículo 228. La Constitución política del Estado es la ley suprema del ordenamiento jurídico nacional. Los tribunales, jueces y autoridades la aplicarán con preferencia a las leyes, y estas con preferencia a cualesquiera otras resoluciones.

Artículo 229. Los principios, garantías y derechos reconocidos por esta Constitución no pueden ser alterados por las leyes que regulen su ejercicio ni necesitan de reglamentación previa para su cumplimiento.

Artículo 230.

I. Esta Constitución puede ser parcialmente reformada, previa declaración de la necesidad de reforma, la que se determinará con precisión en una ley ordinaria aprobada por dos tercios de los miembros presentes en cada una de las Cámaras.
II. Esta ley puede ser iniciada en cualquiera de las Cámaras en la forma establecida por esta Constitución.
III. La ley declaratoria de la reforma será enviada al Ejecutivo para su promulgación, sin que Éste pueda vetarla.

Artículo 231.

I. En las primeras Sesiones de la Legislatura de un nuevo periodo constitucional se considerará el asunto por la Cámara que proyectó la reforma y, si Ésta fuere aprobada por dos tercios de votos, se pasaran a la otra para su revisión, la que también requerirá dos tercios.

II. Los demás trámites serán los mismos que la Constitución señala para relaciones entre las dos Cámaras.

Artículo 232.

I. Las cámaras deliberarán y votarán la reforma ajustándola a las disposiciones que determinen la ley de declaratoria de aquella.

II. La reforma sancionada pasará al Poder Ejecutivo para su promulgación, sin que el Presidente de la República pueda observarla.

Artículo 233. Cuando la enmienda sea relativa al período constitucional del Presidente de la República, será cumplida solo en el siguiente período.

Artículo 234. Es facultad del Congreso dictar leyes interpretativas de la Constitución. Estas leyes requieren dos tercios de votos para su aprobación y no pueden ser vetadas por el Presidente de la República.

Artículo 235. Quedan abrogadas las leyes y disposiciones que se opongan a esta Constitución.

Disposiciones transitorias

Artículo 1. En tanto el Tribunal Constitucional y el Consejo de la Judicatura no se designen por el Congreso Nacional, el Poder Judicial continuará trabajando de acuerdo al Título III Parte Segunda de la Constitución Política del Estado de 2 de febrero de 1967.

Artículo 2. El nombramiento de ministros de la Corte Suprema de Justicia, Vocales, Jueces y personal subalterno de las Cortes departamentales, hasta que no se promulgue al ley que regule el funcionamiento del Consejo de la Judicatura, se regirá por lo dispuesto en el Título III Parte Segunda de la Constitución Política del Estado de 2 de febrero de 1967 y la Ley de Organización Judicial.

Artículo 3. Los nuevos periodos constitucionales del Presidente y Vicepresidente de la República y de los senadores y diputados, alcaldes y concejales a los que se refiere la presente ley se aplicarán a partir de la fecha de la renovación del correspondiente poder, órgano o autoridad. En el caso de la primera elección para concejales, alcaldes y agentes municipales bajo las normas de la presente ley, los mismos ejercerán su mandato por un período compatible con el que se requiere para su renovación a mitad del periodo constitucional de cinco años.

Artículo 4. Los juicios de responsabilidad contra el Presidente y Vicepresidente de la República, ministros de Estado y prefectos de Departamento, mientras no sea promulgada una nueva Ley de Responsabilidades, se substanciaran y resolverán de acuerdo a las previsiones de la Constitución política del Estado de 2 de febrero de 1967 y las leyes especiales de 31 de octubre de 1884 y 23 de octubre de 1944.

Artículo 5. Las adecuaciones y concordancias de la Constitución Política del Estado a las que se refiere el **Artículo** transitorio de la Ley n.º 1473 de 11 de abril de 1993, se aprobarán por ley ordinaria, con dos tercios de los miembros de cada Cámara, y contendrá el texto completo de la Constitución.

Libros a la carta

A la carta es un servicio especializado para
empresas,
librerías,
bibliotecas,
editoriales
y centros de enseñanza;
y permite confeccionar libros que, por su formato y concepción, sirven a los
propósitos más específicos de estas instituciones.
Las empresas nos encargan ediciones personalizadas para marketing editorial
o para regalos institucionales. Y los interesados solicitan, a título personal,
ediciones antiguas, o no disponibles en el mercado; y las acompañan con
notas y comentarios críticos.
Las ediciones tienen como apoyo un libro de estilo con todo tipo de referen-
cias sobre los criterios de tratamiento tipográfico aplicados a nuestros libros
que puede ser consultado en Linkgua-ediciones.com.
Linkgua edita por encargo diferentes versiones de una misma obra con distintos tratamientos ortotipográficos (actualizaciones de carácter divulgativo de
un clásico, o versiones estrictamente fieles a la edición original de referencia).
Este servicio de ediciones a la carta le permitirá, si usted se dedica a la enseñanza, tener una forma de hacer pública su interpretación de un texto y, sobre
una versión digitalizada «base», usted podrá introducir interpretaciones del
texto fuente. Es un tópico que los profesores denuncien en clase los desmanes
de una edición, o vayan comentando errores de interpretación de un texto y
esta es una solución útil a esa necesidad del mundo académico.
Asimismo publicamos de manera sistemática, en un mismo catálogo, tesis
doctorales y actas de congresos académicos, que son distribuidas a través
de nuestra Web.
El servicio de «libros a la carta» funciona de dos formas.
1. Tenemos un fondo de libros digitalizados que usted puede personalizar en
tiradas de al menos cinco ejemplares. Estas personalizaciones pueden ser de
todo tipo: añadir notas de clase para uso de un grupo de estudiantes, introducir logos corporativos para uso con fines de marketing empresarial, etc. etc.

2. Buscamos libros descatalogados de otras editoriales y los reeditamos en tiradas cortas a petición de un cliente.

www.ingramcontent.com/pod-product-compliance
Lightning Source LLC
Chambersburg PA
CBHW022050190326
41520CB00008B/760